ETUDES ECONOMIQUES

SUR LA

SUPPRESSION

DE LA

HAIRE D'ÉCONOMIE POLITIQUE

AU COLLÉGE DE FRANCE,

précédées

D'UNE PÉTITION A CE SUJET,

déposée sur le bureau

DE L'ASSEMBLÉE NATIONALE

PAR M. A. DE TRACY,

Représentant du Peuple.

Imprimerie de Pollet, passage du Caire, 86.

ETUDES ECONOMIQUES

SUR LES MOTIFS

DE LA

SUPPRESSION

DE LA

CHAIRE D'ÉCONOMIE POLITIQUE

AU COLLÉGE DE FRANCE,

par

ADOLPHE BRIEL,

Auteur des *Etudes sur le Vote par scrutin de liste*.

L'économie politique, je la respecte comme une science honnête et consciencieuse, ne trompant pas le peuple et ne devant pas être responsable du mal qui se fait.

(THIERS, séance du 13 septembre 1848.)

PARIS,

GUILLAUMIN ET Cie, LIBRAIRES-ÉDITEURS

du *Journal des Economistes*, de la *Collection des principaux Economistes*, etc.

14, RUE RICHELIEU.

1848.

Paris, 20 octobre 1848.

Avec cet opuscule, j'ai l'honneur d'adresser à l'Assemblée nationale une pétition réclamant le rétablissement de la Chaire d'Economie politique au Collége de France. Un de nos vétérans dans la défense des libertés publiques, M. de Tracy, s'est chargé du soin de la déposer sur le bureau du président, et au besoin de la défendre. Je lui en exprime ici ma reconnaissance.

Après la publication du décret du 6 avril 1848, une protestation sans effet fut présentée au gouvernement provisoire par tout ce que Paris renferme d'amis sincères de la science économique ; et aujourd'hui, en présence de l'Assemblée, je regrette qu'aucun de ces hommes, dont l'autorité scientifique est si imposante, n'ait pas de nouveau protesté contre la ridicule et odieuse vengeance suscitée par les socialistes et exécutée par leur complaisant instrument, le ministre de l'instruction publique et des cultes, M. Carnot.

Je réclame, au nom du progrès scientifique, au nom de la liberté d'enseignement, au nom de la libre discussion ; j'aurais compris que sans détruire une chaire rivale, on en élevât une nouvelle à ses côtés ; on se reconnaît bien faible quand on se réduit à bâillonner la controverse, et à ne parler de ses adversaires dans ses rapports qu'avec des paroles amères et dénigrantes.

Je ne connais ni directement ni indirectement le professeur destitué ; je n'ai mission ni de lui ni de ses amis ; ici comme autre part, je ne prends conseil que de ma conscience. J'assume sur moi seul la responsabilité de toutes mes paroles, de tous mes écrits. *Homme nouveau, pur, sans traditions du passé*, je n'ai d'attache avec aucun parti ; je ne reconnais d'autre école que celle du bon sens , de l'expérience et du possible. Je lui souhaite beaucoup d'adhérents.

Adolphe BRIEL,

30, rue Verte.

PÉTITION

Déposée par M. A. DE TRACY, Représentant du Peuple, sur le bureau de l'Assemblée nationale.

———

CITOYENS REPRÉSENTANTS DU PEUPLE,

Un décret du 7 avril du Gouvernement provisoire a supprimé la chaire d'Economie politique au Collége de France, sans motifs valables, sans raisons plausibles ; je prétends le prouver dans les lignes qui font suite à cette pétition.

On a voulu, par cinq cours, remplacer la chaire supprimée ; c'est à un enseignement homogène snbstituer un enseignement diffus, sans liaison et sans portée.

Je viens vous demander de rétablir la chaire d'Economie politique au Collége de France, en vous priant de recommander hautement ma pétition au ministre de l'instruction publique et des cultes ; ce sera l'aider à remplir hardiment les vœux de tous les amis des grands principes conservateurs de la société que cette science s'est toujours plu à reconnaître et à propager.

Agréez, Citoyens Représentants,

l'expression de mes respects,

Adolphe BRIEL,

30, rue Verte.

Paris, 20 Octobre 1848.

ÉTUDES ÉCONOMIQUES

SUR LES MOTIFS

DE LA SUPPRESSION

DE LA

CHAIRE D'ÉCONOMIE POLITIQUE

Au Collége de France.

> L'économie politique, je la respecte comme
> une science honnête, consciencieuse, ne
> trompant pas le peuple, et ne devant pas
> être responsable du mal qui se fait.
>
> (THIERS, séance du 13 septembre 1848.)

I.

Ce fut en 1831, sur un rapport de M. Guizot, ministre de l'instruction publique, que la chaire d'économie politique fut instituée au Collége de France pour M. Jean-Baptiste Say, de si honorable, de si regrettable mémoire. Occupée après lui par M. Rossi, M. Michel Chevalier en était professeur en février 1848, lorsqu'à la suite d'un remarquable travail inséré dans les *Débats*, et qui était une réponse foudroyante au système désorganisateur édité au Luxembourg par Louis Blanc, parut un décret du gouvernement provisoire en date du 7 avril, où il était dit à l'art. 2 :

La chaire d'économie politique au Collége de France, attendu qu'il est pourvu autrement à son objet, est supprimée.

II.

Recherchons dans le rapport du 7 avril 1848, sur l'école d'administration établie au Collége de France, adressé au ministre de l'instruction publique et des cultes, par M. Jean Reynaud, président de la haute commission des études scientifiques et littéraires, recherchons, dis-je, les motifs puissants sur lesquels la haute commission s'est appuyée pour demander la suppression d'une chaire, et, de plus, rendons-nous compte comment il est pourvu autrement à son enseignement. Les motifs sont au nombre de trois, les voici au long :

1° *Des systèmes contradictoires ont été enseignés sous le nom d'économie politique ;*

2° *L'enseignement de l'économic politique convenable dans les livres, doit être éliminé d'un système d'études officiel ;*

3° *§ Ier. L'économie politique ne se composant jusqu'à ce jour que de systèmes disputés sans aucun droit à la fixité, il pouvait y avoir du danger à attacher les jeunes esprits à un système plutôt qu'à un autre ;*

§ II. Et que la véritable économie politique n'étant autre, en définitive, que la science de la politique et de

l'administration, les cours proposés pour cette science et son perfectionnement devaient suffire.

§ III. Néanmoins, comme il peut être avantageux, ne fut-ce que pour les dominer, de connaître d'une manière sommaire la succession de ces divers systèmes, la commission demande, dans ce but, quinze leçons, qui pourront, à ce qu'il semble, se rattacher utilement. comme introduction, au cours d'économie générale des finances et du commerce.

Nous allons passer de suite à l'examen de ces trois motifs.

III.

Iᵉʳ **Motif.** *Des systèmes contradictoires ont été enseignés sous le nom d'Économie politique.*

· Par qui ces systèmes contradictoires ont-ils été enseignés? vous ne le dites pas. Messieurs de la haute commission. Est-ce par le professeur destitué ou ses prédécesseurs? Si ce n'est pas par eux, la chaire est-elle responsable des rêvasseries, des songes-creux qui se débitent autour d'elle? Au lieu d'énoncer, votre rapport devait prouver ici ce qu'il avance.

Vous parlez de systèmes contradictoires, mais je vous le demande? De quoi se compose l'étude d'une science? Des phénomènes connus et inconnus, de données expérimentées et à expérimenter. A mesure que des faits se produisent, le professeur, placé pour ainsi dire en observation, les reçoit, les étudie, les explique et les classe. C'est le hardi timonier, toujours à son poste, qui observe les vents et les courants, étudie leur direction et guide le capitaine dans la manœuvre. Ne tenez aucun compte de ses avis, le navire vogue à l'aventure. « Le savoir humain, « disait le chancelier Bacon, ressemble à une pyra- « mide dont l'observation et l'expérience font la « base et dont la métaphysique est le sommet. »

Depuis la dernière moitié du 19e siécle, cette science a fait bien des progrès, elle a marché pas à pas, étape par étape, d'un système inexpérimenté à un système éprouvé, épurant par l'expérience les faits ou incompris, ou inexpliqués, ou irrationnels. C'est du reste, la marche naturelle à toutes les sciences. Indiquez-m'en une qui se soit posée à son origine, ce qu'elle est aujourd'hui. Vous faites un crime à l'économie politique d'avoir marché comme toutes ses sœurs, elle qui est à la société humaine, ce que la physiologie est à l'homme ; donc, contemporains de Bichat, l'aigle français de la physiologie humaine, vous auriez proscrit cette dernière, car, d'Hippocrate à Aristote, de Galien à Harvey, de Perrault disciple de Platon à Bichat, que d'utopies, que de problèmes, que de systèmes contradictoires ; et, aujourd'hui, la science mécanique, où tant de systèmes se combattent encore dans la construction des machines pour la formation et la distribution de la vapeur, la proscrirez-vous aussi ? vous nommerai-je toutes les sciences qui ont erré de systèmes en systèmes, et tous les phénomènes scientifiques sur lesquels les opinions ont été et sont encore si contradictoires? or, comme il n'est pas un point de science qui n'a ou qui n'ait eu un contradicteur, un adversaire, fermez vos universités, vos écoles. Brûlez tous vos livres, aucun n'enseigne la science sans réfutation, sans discussion, sans contradiction, sans systèmes contradictoires.

Jusqu'à présent l'on avait pensé que si un devoir grave, impérieux, était départi sans conteste à un gouvernement, c'était celui d'élever et de maintenir une chaire (unique en France) qui avait pour but d'exposer, d'étudier, d'approfondir les systèmes contradictoires sur la distribution des richesses sociales, systèmes qui ne manquent de se produire en ces temps de révolution, et dans les faits et dans les esprits. N'avez-vous pas craint, Messieurs de la haute commission, pour quelques uns des vôtres, le libre examen d'une pensée hardie, qui, sous le règne dernier, venait de prouver sa parfaite indépendance, et que ce seul titre eut dû vous faire respecter.

Reconnaissons-le donc, il nous est impossible d'admettre qu'une science doit être proscrite d'un haut enseignement, parce que depuis son origine elle aurait marché d'un système à un autre. Ce serait faire le procès à toutes les sciences sans en excepter une. Oui, il est vrai, depuis son origine, trois écoles, trois systèmes contradictoires, si vous voulez, ont été enseignés sous le nom d'économie politique : l'école Mercantille (suivant Colbert), l'école des Physiocrates (suivant Quesnay), et l'école des Ad. Smith.

des J.-B. Say, et leurs heureux commentateurs. Mais, vous seuls voulez ignorez que la dernière est la seule enseignée, la seule acceptée, la seule dont les disciples ne diffèrent entre eux que sur l'application immédiate ou différée des principes. Quant à des systèmes contradictoires, il n'y en a plus en économie politique, il n'y a qu'une seule école, l'école des Ad. Smith et des J.-B. Say, qui réprouve tout d'une voix (*indè iræ*) tous ces faux prophètes, tous ces faux messies, combattant entre eux pêle mêle, et qui, pour triompher un instant au milieu de la confusion générale, ont proscrit un enseignement qu'ils ne pouvaient confondre que par la violence.

En résumé, la chaire du collége de France n'a donc jamais enseigné de systèmes contradictoires, les leçons du reste ont été publiées; les étudie qui voudra s'en assurer.

I V.

2° MOTIF. *L'enseignement de l'économie politique, convenable dans les livres, doit être éliminé d'un système d'études officiel.*

A l'appui d'une mesure si grave en elle-même, voici, messieurs de la haute, un motif à mon avis bien condamnable. Le système d'études officiel que vous éditez est un étrange système. Avec quel peuple officiel votre monde officiel aura-t-il donc des relations? Après avoir fait à votre goût des administrateurs, ne vous restera-t-il pas à faire un peuple?

Notre société , vous voulez la refaire à votre gré ; et conséquens avec vous-mêmes , ne devez-vous pas lui créer de prime abord des guides officiels , rompus à certaines manières, à certains moyens de procéder, pour diriger les populations vers le *bonheur absolu?* Aussi pour eux, ce qui est convenable dans les livres n'est pas bon en pratique officielle ; par contre, ce qui est mauvais, archi-mauvais dans les livres , doit être déclaré par vous bon, très-bon en pratique officielle. Quels administrateurs, quel peuple vous plaît-il donc former ? singulier encouragement, du reste, pour l'enseignement par les livres. A ce compte, les beaux livres de M. Cormenin, sur le droit administratif, et celui plus nouveau de M. Vivien, sur les études administratives, seront éliminés de votre école, de votre système d'études officiel, comme vous dites si bien. Avancer un blasphème tel que celui qui est en tête de ce chapitre , c'est oublier de gaîté de cœur, en enfants ingrats, que presque tous les progrès dans les lettres, les sciences et les arts ont été faits dans et par les livres; qu'avant de passer dans le domaine des faits scientifiques, tous ont été démontrés *dans les livres.* Comment Newton a-t-il fait prévaloir le système de la gravition sur les tourbillons de Descartes, *si ce n'est dans des livres.* Copernic ne vit que le premier exemplaire de l'ouvrage où, par un raisonnement incontestable, il ruine le système que, durant plusieurs siècles, avait fait prévaloir Ptolémée, dans sa grande syntaxe , *encore un autre livre,* traduit en 826, par les Arabes.

A-t-on oublié les immenses travaux, les belles découvertes de Cuvier, faites par l'intuition de son génie, *encore dans des livres.* Et, pourquoi en serait-il autrement de l'économie politique que vous proclamez convenable dans les livres ? Qu'a donc cette science de plus ou de moins que les autres, pour ne pas être convenable dans la pratique, ou dans l'enseignement administratif, ou dans l'étude, quand, d'après vous-mêmes, elle est convenable dans les livres ? Avouez-le franchement, ce qu'elle a de plus que les autres sciences, c'est qu'elle repousse résolument des tendances que vous encouragez ; qu'elle rejette les principes subversifs de toute société ; qu'elle est une science d'observation, d'expérience et non de principes abstraits ; qu'elle est suivant un grand orateur, honnête, consciencieuse, ne trompant pas le peuple, et ne devant pas être responsable du mal qui se fait ; qu'elle pose, comme base de toute société humaine, la garantie du droit de posséder et de disposer ; qu'elle décrit à l'envers des socialistes, les principes de la valeur, de la nature, de la consommation, de la production et de la distribution des richesses

En résumé, une science comme l'économie politique, qui prêche aux administrateurs et aux administrés, la probité, la justice, l'économie et le bon sens, qui passe au scalpel de l'examen tous les organes essentiels de la société, avec lesquels un administrateur doit compter à chaque instant, doit enfin vivre en bonne intelligence, est non seulement convenable dans les livres, convenable dans l'exemen, convenable dans un système d'études officiel, convenable dans la pratique, mais, est encore plus convenable dans une école qui devrait être l'ennemie des sophistes, des rhêteurs et des négateurs de toutes vérités.

V.

3° MOTIF. § 1er. *L'économie politique ne se composant jusqu'à ce jour, que de systèmes disputés sans aucun droit à la fixité, il pourrait y avoir du danger à attacher ces jeunes esprits à l'un de ces systèmes plutôt qu'à un autre.*

Encore une fois, Messieurs de la haute commission, avouez-le donc, les socialistes, *et tutti quanti ejusdem farinæ*, sont vos amis; vous tenez le même langage; comme eux vous nous traitez bel et bien du haut de votre grandeur avec le même dédain; à vous entendre, vous avez sondé les profondeurs de la science économique, vous n'y avez trouvé que paradoxes, que sophismes; vous avez démontré l'inanité des problèmes résolus par elle, tout y est fatras, tout y est confusion, tout y est vague, sans force et sans grandeur. Dès lors, vous prononcez que dans cette science ce ne sont que des systèmes disputés, sans aucun droit à la fixité, que des formules diverses, des controverses ardentes entre les disciples de cette école, et qu'il y aurait dès-lors danger à y attacher des jeunes esprits. Et cependant l'économie politique, vous le savez bien, du reste, ne tergiverse pas, n'a qu'une idée, n'a qu'un avis, qu'un principe, qu'un sentiment, quand elle s'explique sur la propriété, sur l'inégalité des salaires, sur la formation des capitaux, sur les macbines, les monnaies, le papier monnaie, l'intervention du gouvernement dans les fonctions de l'industrie, sur le système réglementaire, sur les corporations, les primes, les brevets, sur l'intérêt de l'argent, sur le système mercantile, la théorie des échanges sur celle de la production commerciale, sur le crédit public, le crédit agricole, et leurs bases (1) sur les impôts.

Où sont donc sur tous ces points, les systèmes si disputés, sans fixité, ces formules diverses, ces controverses ardentes, dont vous faites tant de bruit, entre les disciples de la même école, qu'animent des principes solides, l'esprit, l'amour et la recherche de la vérité ?

« Il est impossible, dit Joseph Droz, de l'Académie « française, dans son ouvrage de l'Economie poli- « tique, il est impossible qu'il n'y ait pas plusieurs « opinions sur tous les sujets, puisqu'il y aura tou- « jours des esprits justes et des esprits faux. Les « premiers sont les seuls dont les débats seraient » inquiétans, mais ils s'entendent sur les points fon- « damentaux, ils arrivent aux mêmes résultats « pratiques. »

Est-ce parmi ces esprits justes et les disciples des

(1) Voir mes études sur les caisses d'épargne, caisses agricoles et caisses de retraite.

Adam Smith et des J.-B. Say, que vous trouvez ces
systèmes qui considèrent la propriété et l'hérédité
comme un vol, l'inégalité dans les salaires comme
une injustice et une spoliation du fort contre le faible,
le travail comme l'agent unique, et par conséquent
le seul à rémunérer dans la distribution des richesses?
Qui réclame l'initiative gouvernementale dans le
champ de l'industrie; l'abolition de l'intérêt et par
suite du capital; l'établissement d'une banque
d'échange, de bons hypothécaires, la proscription
des monnaies? Qui préconise en fait de crédit la
banqueroute et le papier monnaie; en fait d'impôt,
la spoliation des uns au profit des autres? Nous,
ou les vôtres?

Nous autres, nous n'avons qu'un système, il est
fixe, appuyé sur l'expérience en tous points; nous
vous démentons, nous repoussons vos théories
impossibles, trompeuses, vos systèmes abstraits et
variables, suivant la sybille qui les inspire.

2me §. *La véritable économie politique n'étant autre
en définitive que la science de la politique et de
l'administration, les cours proposés pour cette science
et son perfectionnement devaient suffire.*

Je ne m'explique pas, Messieurs de la haute, que
vous soyez les premiers qui ayez découvert que
l'économie politique, la politique et l'administration
étaient une seule et même science, un seul et même
art, et qu'elles pouvaient être enseignées simulta-

nément. A vous, l'honneur d'adjoindre à l'économie politique, l'étude du livre de Machiavel *de Arte politicâ*. Je me figurais jusqu'ici que l'économie politique était une science qui définissait, qui décrivait ces lois impérieuses, indispensables à connaître, auxqu'elles obéissent les sociétés humaines; et, que l'art du politique et de l'administrateur consistait à les suivre, à les appliquer suivant l'heure et le moment. A l'une, la théorie, à l'autre la pratique.

Je regrette de le dire, amalgamer la politique, l'administration et l'économie politique, c'est faire preuve d'ignorance, c'est amener la confusion dans la théorie et la pratique.

8ᵐᵃ §. *Néanmoins comme il peut être avantageux, ne fut-ce que pour les dominer, de connaître d'une manière sommaire, la succession de ces divers systèmes, la commission demande dans ce but, quinze leçons qui pourraient d ce qu'il me semble se rattacher utilement comme introduction au cours d'économie générale des finances et du commerce.*

Pourquoi, encore une fois, Messieurs, accabler cette bonne science qui n'en peut mais, sous cette expression sans cesse renaissante de science à systèmes, et qui, pensez-y, est toujours prise en mauvaise part? ce n'est pas généreux. Néanmoins, vous avez du bon ; par grâce dernière, on enseignera un mot d'elle, la pauvrette, aux générations futures, ne fut-ce que pour la dominer, et sur ce, vous lui octroyez quinze leçons. Quinze leçons ! à une science que l'immortel auteur des Recherches sur la nature et les causes de la richesse des nations, a eu peine à renfermer dans deux gros volumes in-octavo ; mais pourquoi se plaindre ? c'est tout autant qu'il en est accordé aux études si utiles, si recherchées, si goûtées sur les Védas, sur les textes de Zoroastre, sur ceux de Boudha ; autant qu'aux études sur les monumeuts de l'Egypte, de la Chaldée, de l'Assyrie, de l'Asie mineure et de la Grèce ; autant qu'à la littérature sacrée du peuple juif, et sans doute, ces 15 leçons seront dignement employées à l'explication du beau livre des Contradictions économiques du citoyen Proudhon, un de ces amis du vrai qui discute, affirme, tranche, sans parti pris d'avance, mais seulement pour justifier et faire aimer sa thèse chérie. Ainsi donc, vous avez déjà fait de l'économie politique la science de la politique et de l'administration, et cette fois, vous la réunissez au cours d'économie générale des finances et du commerce. Un seul cours comprendra :

La politique, } la véritable économie politique.
L'administration }

L'économie publique (l'ancienne et la fausse).

Les finances.

Le commerce.

VI.

Les voici rapportés tout au long, analysés brièvement, ces motifs puissants qui ont déterminé la suppression d'une chaire au Collége de France. Délayées dans un rapport immense, ces raisons subtiles avaient échappé à l'attention publique, distraite dans le moment par les proclamations, les décrets et les bulletins du gouvernement provisoire. Elles ont, du reste, été approuvées par le propagateur de ces petits catéchismes républicains, que l'Assemblée nationale a si hautement désapprouvés.

Nous avons maintenant à rechercher si une mesure prise à la suite de motifs de si peu de portée a amené un progrès dans l'enseignement, par quoi et comment a été remplacée la chaire supprimée, et en un mot de quelle façon il est pourvu autrement à l'enseignement de l'économie politique.

Nous retrouvons encore, dans ce fameux rapport du 7 avril 1848, adressé au ministre de l'instruction publique et des cultes, par le président de la haute commission des études scientifiques et littéraires, M. Jean Reynaud, après les motifs justificatifs de la suppression de la chaire d'économie politique, ceux bien plus péremptoires encore qui ont engagé le rapporteur à proposer une nouvelle division de la science, à y substituer plusieurs chaires qui auraient à embrasser la spécialité de l'économie politique sous les points de vue principaux, et qui en forment le programme.

VII.

En un mot, voici les dires et arguments de la commission :

Ier ARGUMENT.

*La haute commission propose de substituer à l'écono-
mie politique l'étude scientifique des faits qui doivent
constituer la base d'une administration régulière des
sociétés.*

Il n'y a pas de réplique à cet argument ; sans nul
doute, si l'économie politique s'occupait des faits qui
régissent une administration régulière de la société,
vous ne la remplaceriez pas. Ne l'avez-vous pas con-
vaincue d'avoir pour base d'appréciation l'étude
d'une administration irrégulière de la société, d'une
société de sauvages, pour ainsi dire, et finalement de
ne comprendre, suivant votre véritable sentiment,
que les sociétés oligarchiques, aristocratiques et des-
potiques ? Rechercher la simplification dans les
rouages de l'administration, de la société , des pou-
voirs, dans la perception des impôts, dans l'exercice
des droits et des devoirs, c'est désirer l'avènement
d'une société irrégulière. Sans irrévérence , quelle
est donc l'administration régulière d'une société ? Le
deuxième argument nous ouvrira peut-être les yeux
que nous tenons obstinément fermés.

IIe ARGUMENT.

*Pour s'élever à la part légitime de la souveraineté dans
la production et la distribution de la richesse, il n'y
a en effet d'autre principe à invoquer que la connais-*

sance exacte des conditions qui se présentent au point de vue de l'administration publique dans l'ensemble de la nation.

Ainsi donc, en définitive, je n'exagère rien, quand je prétends que l'on veut dire ici que l'administration publique, comprenant la grandeur de sa mission, à la hauteur de son point de vue, combinant pour s'éclairer la matière dont il s'agit avec la géographie physique du territoire, les éléments analogues fournis par l'étranger et les conséquences qui en découleraient pour elle et les populations, présidera elle-même à la production, à la distribution des richesses, sans tenir compte, ni de la nature, ni de la valeur, ni de l'origine, ni de l'offre, ni de la demande des choses, et elle déterminera sur des données arbitraires, toutes ressortissant d'elle, la part légitime de tout individu. Dès-lors à chacun sa route tracée, à chacun son lot, à chacun son œuvre, dans cette grande ruche qu'on appelle la société. L'administration publique verra tout, saura tout, fera tout et distribuera tout. Dès-lors, plus de concurrence, plus de désorganisation de l'industrie, plus de tyrannie du capital, plus ou peu de machines, plus de luxe corrupteur, plus d'impôts et d'emprunts, plus d'antagonisme entre le travail et le capital, plus d'oppression par le travail ou par le capital, plus d'exploitation de l'homme, plus de consommateurs parasites, plus d'émigrans à la recherche d'une patrie, plus, en un mot, de travailleurs sans travail et sans pain.

Sans école d'administration, une société pareille est viable de suite, si vous me trouvez pour directeur un Dieu, *être parfait,* pour administrés des anges, êtres sans passions, sans idées, sans défauts, sans vices, sans qualités et sans vertus supérieurs. Sinon, je ne vois dans vos utopies, que folies, qu'injustices qui mènent droit à la barbarie, à l'arbitraire, à l'hébêtement, à l'abolition de la liberté individuelle et publique, enfin, à des conséquences fatales aux classes, mêmes qu'il s'agit de soulager.

Sans chercher obstinément cette panacée universelle, la pierre philosophale de notre siècle ; sans ébranler dans ses fondements la société entière, aidez-nous, novateurs imprudents, à perfectionner peu à peu nos institutions morales et politiques (1), à détruire la misère et non pas à la déplacer. Voilà le problème. Prêchons à toutes les classes de la société, la tempérance et l'économie, le courage, la patience dans l'adversité, la modération dans le bonheur. Certes, on ne devient pas chef d'école de cette façon, on ne porte pas un nom célèbre, mais on fait des consciences tranquilles, on ne trompe personne.

VIII.

A la suite de ces idées fondamentales jetées en

(1) Je propose des moyens pratiques et démocratiques dans mes études sur les vices et remèdes de la concurrence, sur les caisses agricoles et sur les budjets de l'état et de la ville de Paris.

avant-propos, et qui sont presque le programme des cours, il est temps d'énumérer les titres des cinq chaires et d'étudier les rapports qu'elles ont entre elles. On a décrété :

PREMIÈRE CHAIRE. — Cours d'économie générale et statistique de la population, fait par M. Serres, de l'Académie des Sciences.

DEUXIÈME CHAIRE. — Cours d'économie générale et statistique de l'agriculture, fait par M. Decaisne, de l'Académie des Sciences.

TROISIÈME CHAIRE. — Cours d'économie générale et statistique des mines, usines et manufactures, fait par M. Bineau, ingénieur en chef des mines.

QUATRIÈME CHAIRE. — Cours d'économie générale et statistique des travaux publics, fait par M. Franqueville, ingénieur en chef des ponts et chaussées.

CINQUIÈME CHAIRE. — Cours d'économie générale et statistique des finances et du commerce, fait par M. Garnier-Pagès.

Et de prime abord, je ne puis m'empêcher de me faire les questions suivantes : M. Serres, qui va nous dérouler l'économie générale de la population, devra-t-il renoncer à nous entretenir de l'influence de l'agriculture, dont les progrès sont inhérents à la propagation de l'espèce humaine? Est-il de son ressort de nous parler de l'influence de l'industrie privée ou de l'industrie organisée par ateliers, sur les populations? M. Bineau nous développera-t-il l'économie générale des mines, usines et manufac-

tures, sans nous dire l'influence qu'exerce sur le prix
des salaires les principes de la population, les prix
des produits de l'agriculture et de l'industrie, les lois
de l'offre et de la demande ? N'empiétera-t-il pas
sur les cours de MM. Serres et Decaisne ?

M. Franqueville, nous retraçant l'économie générale des travaux publics, appréciera-t-il plutôt que
MM. Decaisne et Bineau, les résultats de la dissipation
des capitaux dans les travaux publics, aux dépens
de l'agriculture et du commerce, ceux de l'enlève-
ment des bras par les travanx de l'état, au préjudice
ou dans l'intérêt de l'agriculture, des manufactures
et des travailleurs eux-mêmes ?

Quant à Monsieur Garnier-l'agès, dans sa chaire
d'économie générale et statistique du commerce et
des finances, nous fera-t-il plutôt que Monsieur
Bineau, chargé du cours des usines et manufactures,
l'historique du système réglementaire des appren-
tissages, des maîtrises et des corporations ?

Quelle est celle des cinq chaires qui traitera la question du salariat, celle de l'association du capital et du
travail et le grand problème de la concurrence ? Si à
l'un des cinq cours, l'on supprime ces objets d'étude,
le cours est incomplet ; si chacun s'en occupe et les
traite de la même façon, les comprend de même,
le cours des uns sera la répétition de celui des
autres, et dès-lors, l'élève perdra à les suivre du
temps qu'il peut mieux employer. Si chacun, ce qui
est plus croyable, les comprend et les explique di-
versement, l'on retombe dans les systémes contra-

dictoires sans fixité, et c'est surtout ici qu'il y a danger à y arrêter de jeunes esprits. De cette sorte les chaires empiéteront les unes sur les autres; professeurs et élèves seront divisés école contre école, bannière contre bannière. Vous ne récolterez que confusion. Peut-il en être autrement? quand dans cinq cours les phénomènes de l'un se rattachent à l'autre en s'expliquant l'un par l'autre; quand les liaisons entr'eux sont si intimes et les opinions des hommes de science surtout si souvent inverses? En résumé donc, vous avez créé une anarchie, un chaos scientifique dont l'ignorance seule profitera. L'avez-vous fait sciemment? j'hésite à le croire; vous l'avez fait comme agissent ceux qui ne consultent que leur passion. Reconnaissons qu'une main malheureuse a présidé à la distribution des cours, et qu'en un mot il n'est pas pourvu autrement, mais confusément à l'enseignement de l'économie politique.

IX.

Il est temps, grandement temps d'apporter reméde au mal; l'Assemblée nationale n'hésitera pas à émettre le vœu de voir un enseignement homogène, fructueux, fait par un seul professeur, remplacer cet enseignement diffus, sans liaison, expliqué par cinq professeurs. C'est le vœu de tous les économistes qui voient dans l'économie politique le complément d'un bon système d'éducation, la sentinelle avancée de la société, l'auxiliaire des bons principes et des bonnes institutions.

Quant aux autres cours auxquels le gouvernement provisoire a nommé d'autres professeurs , je crois, sans me tromper , qu'ils seraient dignement professés par les titulaires, s'ils voulaient sortir des préoccupations politiques.

« Le cours de droit international et Histoire des traités, par de Lamartine, de l'Académie française.

» Le cours de droit privé (droit individuel et social), par Armand Marast.

» Histoire des institutions administratives françaises et étrangères, par Ledru-Rollin. »

A ceux qui se sont adjugé ces positions, à ceux qui en même temps ont joué de grands rôles politiques, qu'ils sachent qu'il leur en reste un beau à remplir, qu'ils y apportent le fruit d'une expérience dont profitera une jeunesse studieuse, qu'ils s'en acquittent dignement, sagement, et peut-être ils ramèneront à eux bien des cœurs ulcérés, de véritables amis de la république, qui leur reprochent bien des fautes. Qu'ils se mettent de suite à l'œuvre, et surtout qu'ils ne courent plus après une popularité qui fuit souvent sans retour ceux qui la poursuivent vivement ; qu'ils ne parlent plus de calvaire ; qu'ils ne crient plus à l'ingratitude, à l'oubli. Oui, ils ont été les instruments un instant favoris du peuple, les artisans heureux de la première heure ; ils subissent la loi naturelle en temps de révolution, les nécessités de la vie politique et surtout de la vie républicaine: Encore trois mois de leur règne, et je ne sais pas si la France ne succombait pas dans les convulsions de l'anarchie sous le dégoût de toutes les libertés possibles. Qu'ils ne se raidissent pas contre la loi commune; professeurs, qu'ils inspirent nos nouvelles générations d'idées sages, justes et belles; qu'ils travaillent pour l'avenir; qu'ils réparent le mal qu'ils ont fait au présent en touchant à tout inconsidérément.

Dans tous les cas, je déplore cette prise d'occupation des chaires du collège de France par des hommes politiques ; il reste à aviser à qui de droit à cet égard.

Un moment il fut question dans la *Presse* de rétablir la chaire supprimée ; mais le *National*, dans son numéro du 15 août 1848, tout en ignorant, dit-il, les motifs de la suppression, se prononça non-seulement d'une manière défavorable à son rétablissement, mais encore refaisant une seconde édition des motifs mis en avant par les socialistes et analysés plus haut, fut heureux sous une forme mise un peu plus à la portée de tout le monde, de répéter ce vieux rabâchage de science du laissez faire, du laissez passer, appliqué faussement à l'économie politique, refrain qui parait tant dire et qui ne dit rien, et qui ne sert qu'à émeutercontre la science tant d'esprits prévenus et ignorants.

Ce n'est pas rendre justice à l'esprit de conciliation et de fraternité des interprètes de la science. A qui ces derniers ont-ils fait obstacle, soit dans la presse, soit dans l'Assemblée nationale ? Il y aurait plutôt un reproche à leur faire, c'est de s'être montrés trop timides, de n'avoir pas levé assez haut leur bannière. Ces hommes consciencieux, voyant le pays avant leurs principes, se tiennent modestement à l'écart, et encore une fois, je vous le demande, à tous vos plans, à toutes vos utopies, à tous vos projets incolores, ont-ils fait obstacle et résistance, hommes du *National*, à qui je rends une justice éclatante sous le rapport de la probité, de la délicatesse, du dévouement au pays ? Mais avouons tous, comme du reste un des vôtres l'a fait, que le pouvoir vous est échu beaucoup trop tôt ; vous étiez doués des qualités les plus heureuses pour faire une opposition rude et tenace, mais cette grande fortune, ou plutôt ce grand malheur qui vous est échu, vous arrivant sans que vous eussiez un système de gouvernement arrêté, vous marchez avec un esprit d'indécision, d'incertitude qui fait peine à qui reconnaît en vous et bon vouloir, et franchise, et esprit d'ordre, mais peu de cet esprit gouvernemental qui se trace d'avance son chemin, le dit à chacun haut et ferme, l'exécute de même, dirige une majorité confiante sans incliner tantôt à droite, tantôt à gauche, et surtout sait reconnaître ses amis de ses ennemis, et ne les insulte ni ne les bafoue de temps à autre. Un exemple entre autres : Vous confiez une mission, dont le but vous honore, à un écrivain, un académicien, dont l'esprit économique n'est un secret pour personne, et d'un autre côté, vous reculez quand il s'agit de rétablir une chaire où ce savant a puisé, près d'un des prédécesseurs, les principes que chaque parti invoque dans les discussions (1), et à l'aide desquels le succès politique vous est assuré.

(1) Voir surtout la discussion sur le crédit foncier.

Qant au *National* du 15 août 1848, il tombe de
même dans le péché véniel : « Une science, dit-il,
» qui aboutit à se croiser les bras, à regarder ce qui
» se passe, est réfutée par avance. »

Très bien, je partage votre avis; cherchons des
remèdes (1). Cependant, voici ce que plus bas vous-
même conseillez au gouvernement dans le même ar-
ticle :

« Qu'il reste de plus en plus neutre, qu'il con-
» centre tous ses efforts sur le maintien de l'ordre
» matériel. »

Et quoi! vous prêchez le laissez-faire, le laissez-
passer?

Le gouvernement a été mieux inspiré que vous,
grâce à sa sagesse, à son intelligence; il démêlera
le meilleur système, vérifié par la science, par la
pratique, et il repoussera le rôle impie que vous
lui conseillez :

De ne rien chercher ;

De ne rien voir;

De ne rien faire.

Il n'y a aucun danger à s'éloigner des esprits faux
et bizarres, et à se rapprocher des esprits justes et

____

(1) Voir mes *Études* sur les vices et les remèdes de la
concurrence.

pratiques. Que Dieu nous garde la République ; et la solution des grands problêmes qui nous occupent, non-seulement se trouvera , mais se pratiquera, je m'en fie au bon génie de la France.

Paris, 20 Octobre 1848.

9 782013 451833